AF480908

"Fernando es genial para los Dodgers, genial para el béisbol, genial para el país, para ambos [Estados Unidos y México]. No importa lo dura que parezca la vida; los niños pueden mirarlo y decir: Él lo logró. Yo también puedo."

~Tommy Lasorda, legendario entrenador de los Dodgers de Los Ángeles

¡A todos los fanáticos de los Dodgers! ¡Vivan los Dodgers!

~Kathleen Contreras

En memoria de mi hermano menor Sahim Abraham Paniagua.

~Christian Paniagua

NACIDO PARA JUGAR AL BÉISBOL: LA MÁGICA CARRERA DE FERNANDO VALENZUELA

ESCRITO POR KATHLEEN CONTRERAS ILUSTRADO POR CHRISTIAN PANIAGUA

KATHLEEN
CONTRERAS

Fernando Valenzuela nació para jugar al béisbol.

Mientras crecía en un pequeño rancho de Sonora, México, el béisbol era un campo de tierra con marcas de tiza polvorientas como líneas de base.

El béisbol no tenía ni plato ni maya. Los bancos eran troncos y el montículo del lanzador era un viejo palé de madera levantado y cubierto de tierra. El campo era sencillo pero perfecto para perseguir los sueños del béisbol.

Para Fernando, el menor de doce hermanos, el béisbol era sinónimo de familia y amigos, que le apodaban... El Zurdo, lanzador zurdo.

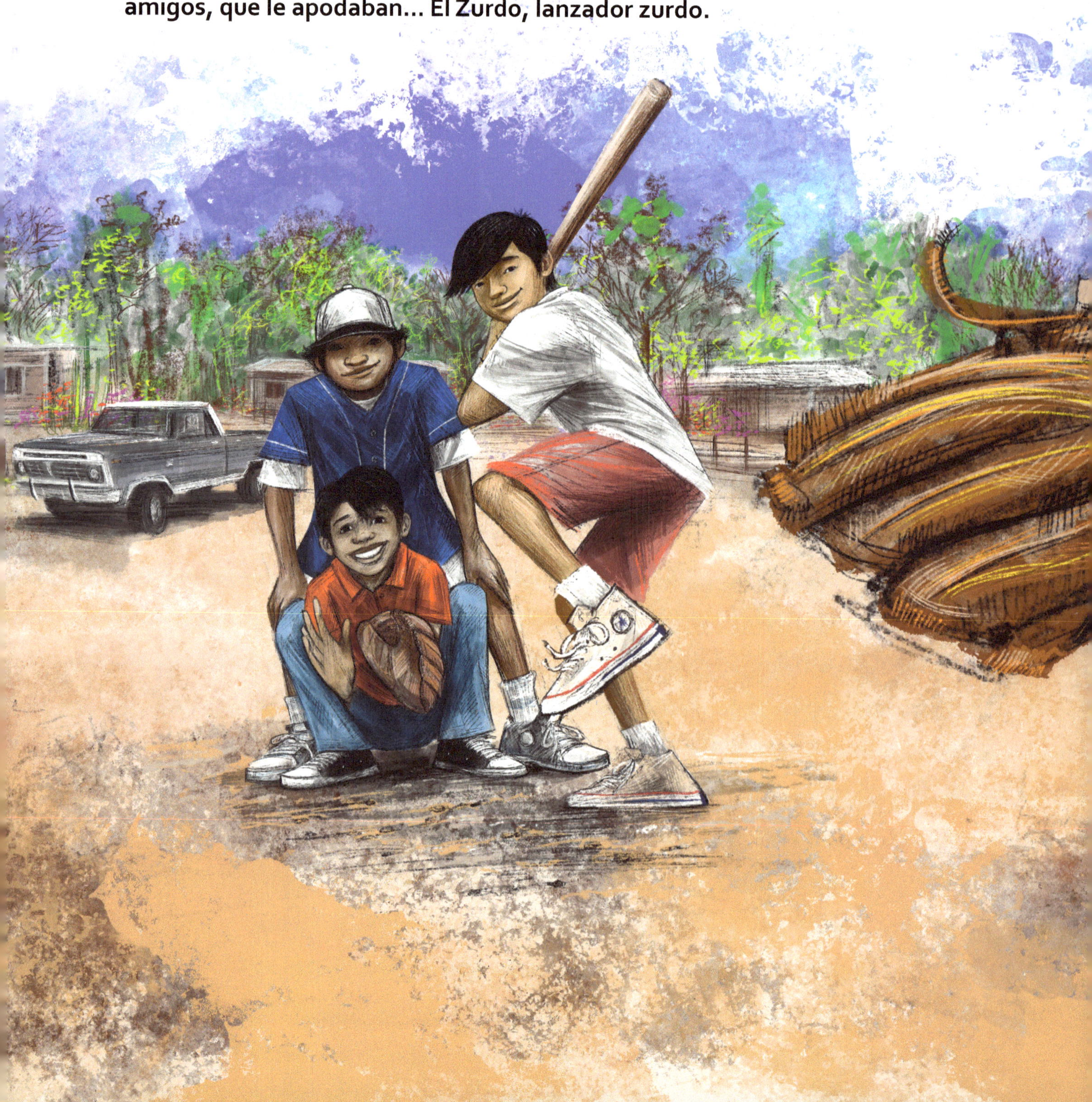

Fernando vivía con su numerosa familia en una pequeña pero acogedora casa de adobe con estufa de leña, una bombilla, sin agua potable y piedra de metate para moler el maíz de las tortillas.

Su familia trabajaba unida, como un equipo de béisbol. Sus hermanos eran sus compañeros de equipo y entrenadores. Su hermano mayor, Rafael, colocó a Fernando en la primera base, en donde perfeccionó sus habilidades en el campo hasta los 13 años. Luego pasó al lanzamiento, en donde floreció.

En su adolescencia, Fernando se hizo más fuerte y más grande hasta llegar a ser tan feróz como un "toro", un toro fuerte. Más tarde, El Toro se convertiría en su apodo profesional. Apenas tenía 16 años cuando firmó su primer contrato profesional con un equipo de béisbol mexicano.

Ahora, el béisbol significaba viajar en autobús con sus compañeros de equipo, recorriendo carreteras llenas de curvas por todo México para jugar en campos rodeados de montañas obscuras, desiertos secos, aguas azules y selvas verdes.

Fernando afinaba su arsenal de lanzamientos en cada partido: lanzamientos rápidos, bolas caídas y curvas. Aprendía rápido, así que sus entrenadores también le enseñaron lanzamientos con cambio de dirección y deslizantes.

Tres años y muchas entradas más tarde, un avispado reclutador de los Dodgers, Mike Brito, voló a México para descubrir nuevos talentos. Tan rápido como una bola rápida, invitó al adolescente Fernando a jugar en las ligas menores de béisbol.

Fernando se mostró prometedor y más tarde se unió a los Dodgers en la liga menor, luego ascendió a la liga mayor, donde un nuevo compañero de equipo, Bobbie Castillo, le enseñó un nuevo lanzamiento… la bola de tornillo.

Pocos bateadores podían batearla. Incluso menos lanzadores podían lanzarla, especialmente los zurdos. Esto era, ¡un lanzamiento distintivo! Fernando practicó y practicó y pronto dominó este loco estilo de lanzamiento en espiral para zurdos.

Ese "screwball" lo cambiaría a él y al juego de béisbol para siempre…

El debut de Fernando en Las Grandes Ligas se produjo en el momento favorito del
año en el béisbol: el día de la inauguración.

Los jugadores estaban emocionados por la nueva temporada: los guantes estaban
engrasados, los uniformes brillantes,las pelotas se lanzaban y los bates abanicaban
ligeramente. Estaban listos para jugar contra los Astros de Houston el 9 de abril del
1981. El olor a perritos calientes llenaba el aire y los aficionados pintaban el estadio
de los Dodgers con sus gorras, playeras y camisetas de béisbol azules y blancas
con los sonidos del órgano de Helen Dell tocando "Take Me Out to the Ballgame"
(Llévame al partido).

"¡Es la hora del béisbol de los Dodgers! "Lanzador, número 34, Fernando Valenzuela",
anunciaron Vin Scully y Jaime Jarrín, las veteranas voces de los Dodgers.

Espera… ¿Quién? ¿Un novato? ¿El día de la inauguración?

Miles de ojos curiosos observaron el calentamiento de Fernando, pero Fernando,
de tan solo 19 años de edad, parecía relajado y confiado. En su primer lanzamiento,
Fernando se levanta, patea alto, mira hacia el cielo y lanza una bola de tornillo.

¿Qué? ¿Una bola de tornillo?

"¿Quién lanza una bola de tornillo, especialmente un zurdo?", se preguntan
el bateador y los aficionados.

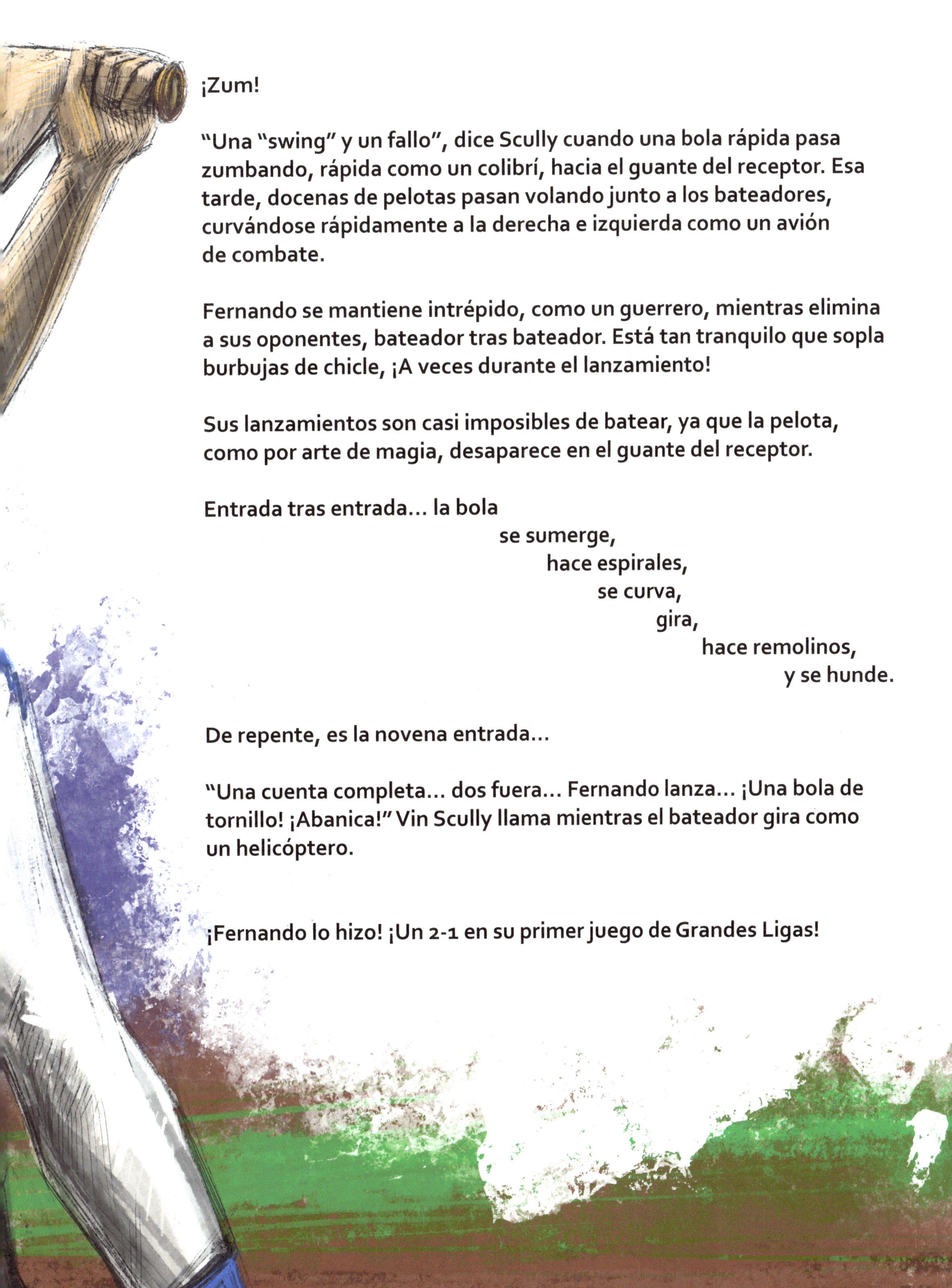

¡Zum!

"Una "swing" y un fallo", dice Scully cuando una bola rápida pasa zumbando, rápida como un colibrí, hacia el guante del receptor. Esa tarde, docenas de pelotas pasan volando junto a los bateadores, curvándose rápidamente a la derecha e izquierda como un avión de combate.

Fernando se mantiene intrépido, como un guerrero, mientras elimina a sus oponentes, bateador tras bateador. Está tan tranquilo que sopla burbujas de chicle, ¡A veces durante el lanzamiento!

Sus lanzamientos son casi imposibles de batear, ya que la pelota, como por arte de magia, desaparece en el guante del receptor.

Entrada tras entrada… la bola
se sumerge,
hace espirales,
se curva,
gira,
hace remolinos,
y se hunde.

De repente, es la novena entrada…

"Una cuenta completa… dos fuera… Fernando lanza… ¡Una bola de tornillo! ¡Abanica!" Vin Scully llama mientras el bateador gira como un helicóptero.

¡Fernando lo hizo! ¡Un 2-1 en su primer juego de Grandes Ligas!

VALENZUELA
34

Fernando fue mágico en el montículo durante toda esa temporada de novato… lanzamiento tras lanzamiento, bateador tras bateador, partido tras partido.

Fuera del azul de los Dodgers, Fernando se convirtió en el lanzador más emocionante en todo el béisbol.

¡Durante su temporada de novato, lideró toda la liga con victorias, ponches, entradas lanzadas y blanqueadas! Los aficionados fueron testigos del mejor comienzo de un joven lanzador en las Grandes Ligas de béisbol.

"Es el número 1 del mundo del béisbol", proclama un periodista deportivo.

Miles de sus fans, quienes le adoraban, siguieron a Fernando como a una estrella del rock, multiplicándose partido tras partido, agitando pancartas caseras: ¡Viva Fernando! ¡El Toro para siempre! ¡Amamos a Fernando!

Las banderas de Estados Unidos y México, ondeaban orgullosas en el estadio, en los coches, en las casas y por los barrios.

Esta época febril se llamó Fernandomanía, ya que los aficionados, los jugadores y los periodistas deportivos se volvieron locos por el joven adolescente de un rancho de México. La Fernandomanía se extendió como un reguero de pólvora, encendiendo no sólo el estadio de los Dodgers, sino también todos los estadios de béisbol del país, desde el estadio de los Yankees, el Wrigley Field, hasta Miami, creando afición en todo el país y en el norte, hasta Montreal, Canadá.

Todo el mundo quería tener la oportunidad de ver a El Toro. ¡Amamos a Fernando!

"Es uno de los nuestros", dijo un aficionado latino. "Fernando es de la familia, se parece a nosotros y habla nuestro idioma".

NANDOMANIA

VALENZUELA
VS
PHILLIES
TICKETS
$15. EA
FABULOUS FERNANDO 34
FABULOUS FERNANDO 34
Sports Illustrated
VALENZUELA
24
MAKING HIS WAY IN THE
The Dodgers' Fernando Valenzuela Has Everything ...Except A Winning Record
GOMA DE MASCAR
GUM GUM
Dodgers
VALENZUELA
LA
Dodgers
PITCHER DODGERS
FERNANDO VALENZUELA
TOPPS
HEROES
34
Dodgers
34
AISLE
FIELD BOX
BOX
SEAT
1
OPENING DAY
1981
THURSDAY APRIL 9
1:05 pm
LOS ANGELES
Dodgers
VS.
ASTR
Dodgers
Dodgers
FERNAND VALENZUELA
PITCHER
VALENZUELA
FERNANDOMA

Cientos de vendedores se alineaban en las calles que conducen al estadio de los Dodgers en Chavez Revine, vendiendo cromos, pósters y camisetas de Fernando. En el aire resonaban el español e inglés, mientras los mariachis daban serenatas a los aficionados con sus violines, guitarras, bocinas y gritos.

Más que un acontecimiento deportivo, Fernandomanía se convirtió en una fiesta en la que se hablaba de algo más que de béisbol.

Pero el béisbol no era todo fiesta para Fernando…

Ir a un país diferente, con un idioma y unas tradiciones nuevas, iba a significar mucho trabajo. No sabía lo que iba a pasar," reflexiona Fernando.

"Me preguntaba cómo me acostumbraría a una nueva forma de vida.", dice Fernando, quien practicó inglés viendo la televisión y haciendo bromas a sus compañeros. Incluso aliviaba los nervios de los partidos haciendo lazadas con una cuerda corta. ¡Haciendo tropezar a los compañeros de los Dodgers en el banquillo!

Dodgers

Pero sobre todo, Fernando dejaba que sus lanzamientos hablaran por él, especialmente con el receptor Mike Scioscia. Fernando y Mike formaban un equipo dentro del equipo: el lanzador y el receptor. La pelota y el guante, dos opuestos, conectaban como un imán.

10:13
CARDS 29 51 28 27 9 49 10 1 12   AT BAT 29
       LF CF 1B C 3B P RF SS 28   BALL 2
DODGERS 27 5 38 33 21 14 10 7 34   STRIKE 2
        3B CF LF 1B RF C 2B SS   P
        1 2 3 4 5 6 7 8 9 10   R H E   OUT
CARDS   0 0 0 0 0 0 0 0   0 0 3
DODGERS 1 0 0 0 1 1 2 1   6 12 1
           24 20 33   17
              UMPIRES

Fernando no fue una estrella de una temporada. Casi diez años después de la Fernandomanía, él lanzó uno de sus mejores partidos…

-¡Un juego sin hits contra los Cardenales de San Luis en junio del 1990!

"¡Si tienes un sombrero, lánzalo al cielo!", gritó Scully, en el último lanzamiento, ante miles de aficionados que le vitoreaban en toda la ciudad, en todo el país y más allá de las fronteras.

Los aficionados gritaron… "¡Fer..nan…do! "¡Viva Valenzuela!"

"¿Cómo te sientes, Fernando, lanzando un no-hitter?", preguntó un periodista deportivo.

"Estoy muy orgulloso de mí y de mis compañeros. Pero estoy pensando en mi familia en México, acurrucada alrededor del televisor, viendo el partido."

"Sinceramente, además de lanzar en las Series Mundiales, construí una casa nueva para mis padres. Es el momento de mayor orgullo para mí," dijo Fernando con modestia, que consideraba a su familia como su equipo "de casa".

Fernando y la Fernandomanía aportaron al béisbol algo más que su bola tornillo zurda: Crearon miles de nuevos aficionados en Los Ángeles y en los estadios de todo el país. Jugadores de todas partes del mundo, procedentes de América, el Caribe y Asia siguen emigrando al béisbol de las Grandes Ligas a través de la puerta que Fernando ayudó a abrir.

Aquel joven de un pequeño rancho de México creció hasta convertirse en una leyenda en una de las mayores ciudades deportivas de Estados Unidos.

Lo llames como lo llames, béisbol o baseball, Fernando Valenzuela nació para jugar a este deporte.

Nota del Autor

Fernando aportó al béisbol mucho más que su bola zurda: Llevó a miles de aficionados nuevos y viejos a los estadios de todo el país. El legendario comentarista Jaime Jarrín confirmó el aumento de la asistencia:

"Creo sinceramente que no hay ningún otro jugador en la historia de las Grandes Ligas que haya creado más aficionados nuevos que Fernando Valenzuela, Sandy Koufax, Don Drysdale, Joe DiMaggio, ni siquiera Babe Ruth lo hizo. Fernando convirtió en aficionados a mucha gente de México, Centroamérica y Sudamérica. Creó interés por el béisbol entre gente a la que no le importaba el béisbol."

Fernando y la Fernandomanía no solo encendieron a los aficionados sino también a otros jugadores latinos y asiáticos a jugar en los campos de béisbol de Estados Unidos. Ahora, todos los equipos de las ligas nacional y estadounidense cuentan con jugadores de todo el mundo, que hablan sus lenguas maternas y el idioma del béisbol.

Al igual que la Estatua de la Libertad, el éxito de Fernando dio la bienvenida a todo el mundo al juego favorito de Estados Unidos. Jugadores de la República Dominicana, México, Cuba, Puerto Rico, Panamá, Venezuela, Japón y Corea vienen a jugar en los campos de béisbol de Estados Unidos, ampliando las fronteras de las Grandes Ligas de béisbol.

Los años que Fernando pasó jugando al béisbol en el estadio de los Dodgers de Chavez Ravine también le trajeron recuerdos de una comunidad desplazada, con ecos del español y el inglés que se hablaban en el barrio latino. Su afición comenzó en el mismo lugar de nacimiento de estos pioneros mexicanos que vivían en su tierra natal. Ahora, su afición incluye a todos los angelinos, especialmente a los latinos.

En la actualidad, Fernando transmite en español la acción en vivo de los Dodgers por televisión y apoya los eventos comunitarios de los Dodgers. Su querida camiseta #34 está oficialmente retirada (a partir del 11 de agosto de 2023). Fernando es ahora ciudadano estadounidense, miembro de las ilustres Leyendas de los Dodgers, miembro del Salón de la Fama de California, y propietario de un equipo de béisbol mexicano. Fernando ama a su familia; es esposo, padre de cuatro hijos y un abuelo.

Fernando demostró que el sueño americano puede ser alcanzado por todos los que viven en América, no sólo por los nacidos en EE.UU. Como tantos otros que cruzan fronteras, Fernando vive cómodamente cruzando entre EE.UU. y México, encarnando el sueño americano.

~Kathleen Contreras

Jorge Martin, "25 Years After Fernandomania,"
Dodger Magazine, 18 August 2006.

Las Estadísticas

La carrera beisbolera de Fernando comenzó en la Liga Mexicana de Béisbol cuando tenía 16 años. En 1977, Valenzuela inició su carrera en el béisbol profesional cuando firmó con los Mayos de Navojoa. Un año después fue enviado a los Tuzos de Guanajuato, y posteriormente jugó con los Leones de Yucatán.

Su debut en su carrera profesional en Estados Unidos a los 19 años, encendió la franquicia de los Dodgers de Los Ángeles, donde lanzó 11 temporadas y 141 juegos (octavo en la historia de la franquicia) de 1980 a 1990.

En su temporada de novato, Fernando Valenzuela ganó sus primeras ocho aperturas (¡cinco blanqueadas!). Se convirtió en el único jugador en la historia de las Grandes Ligas en ganar el Premio al Novato del Año, el Premio Cy Young al Mejor Lanzador en la misma temporada y el Premio Bate de Plata de la Liga Nacional al Mejor Lanzador. En su año de novato, las 11 de las 12 aperturas de Fernando en el Dodger Stadium ¡se agotaron!

De 1981 a 1987, Fernando ganó más juegos que cualquier otro abridor de la Liga Nacional y tuvo la segunda mejor efectividad de los lanzadores de la Liga Nacional con 1,000 entradas. Fernando también completó más juegos en la historia de los Dodgers desde Sandy Koufax en 1966, ganando 21 juegos y completando 20. En 1986, una de sus mejores temporadas, terminó 21-11 con efectividad de 3.14 y lideró la liga en victorias, juegos completos y entradas. inclinado.

Fernando también fue miembro del equipo de la Serie Mundial de 1986 de los Dodgers. Fue nombrado seis veces All Star (1981-1986) y era conocido por ser uno de los mejores lanzadores de bateo, ganando dos veces el premio Silver Slugger de la liga nacional para lanzadores.

Fernando jugó 17 años en las Grandes Ligas de béisbol, jugando hasta 1997. Jugando para seis equipos profesionales diferentes, logró su mayor éxito con los Dodgers, donde actualmente transmite jugada por jugada en español para Spectrum SportsNet TV.

En 2019, la liga mexicana de béisbol retiró el #34 de Fernando para todos los equipos mexicanos. Los Dodgers de Los Ángeles honraron a Fernando retirando oficialmente la camiseta número 34, el 11 de agosto de 2023.

Dodgers
LA
34

La Dra. Kathleen Contreras es autora de cinco libros infantiles bilingües (inglés y español). Es una educadora bilingüe con experiencia enseñando en aulas públicas bilingües de primaria así como también enseñando a nivel universitario tanto en universidades públicas como privadas en California en el área de preparación de docentes bilingües.

Es autora de cuatro libros bilingües; Pan Dulce: Scholastic Braids/Trencitas: Lectorum Sweet Memories/Dulces Recuerdos: Lectorum Harvesting Friends/Cosechando Amigos: Arte Público Press

www.kathleencontreras.com

Christian Paniagua, nativo de Nueva York, es un experimentado ilustrador y artista de diseño gráfico con una destacada carrera a lo largo de veinticinco años. Orgulloso egresado de Pratt Institute, posee dos títulos en Diseño de Comunicación, demostrando su dedicación para perfeccionar su arte. El viaje artístico de Christian está profundamente arraigado en su crianza urbana, entrelazada con una auténtica pasión por la animación y los cómics.

Su firma artística única es una mezcla caprichosa de movimiento, colores vibrantes y emociones sugerentes, reflejando la esencia dinámica de sus raíces urbanas. La habilidad de Christian para infundir estos elementos en su obra le brinda la libertad de diversificar sus diseños a través de diferentes temas y géneros. Su ilustre carrera se erige como testimonio de su destreza y creatividad en el ámbito de la ilustración de libros infantiles, cautivando a audiencias con cada trazo de su mágico pincel.